Impressum
Verlag: BABADADA GmbH, Nedderfeld 112 , 22529 Hamburg
Geschäftsführer / Verlagsleitung: Harald Hof
Druck: Books on Demand GmbH, In de Tarpen 42, 22848 Norderstedt

Imprint
Publisher: BABADADA GmbH, Nedderfeld 112 , 22529 Hamburg, Germany
Managing Director / Publishing direction: Harald Hof
Print: Books on Demand GmbH, In de Tarpen 42, 22848 Norderstedt, Germany

学校

ښوونځی

教室
ټولګی
割り算
تقسیم
186/2
黒板
بورډ
د ښوونځي حویلی
教師
ښوونکی
紙
ورق
書く
لیکل
ペン
قلم
事務机
ډیسک
定規
خط کش
本
کتاب
生徒
زده کونکی

ランドセル

کڅوړه

筆入れ

د پنسل بکسه

鉛筆

پنسل

鉛筆削り

پنسل تراش

消しゴム

ربړ

スケッチブック

د رسامۍ پاڼه

2

学校 - ښوونځی

スケッチ

رسامي

絵筆

د نقاشي برس

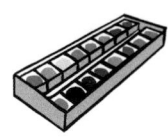

絵の具箱

د نقاشي بکس

はさみ

قيچي

接着剤

سريښ

練習帳

د تمرين کتاب

宿題

کورنی دنده

12

数

شمير

2+2

足し算

جمع

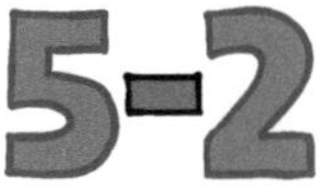

5-2

引き算

منفي

2×2

かけ算

ضرب

計算する

حساب

A

文字

توری

ABCDEFG HIJKLMN OPQRSTU VWXYZ

アルファベット

الفبا

hello

単語

کلمه

テキスト

متن

読む

لوستل

チョーク

تباشير

授業

درس

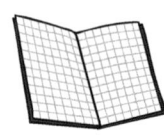

学級日誌

راجستر

試験

ازموینه

通知表

تصديق پاڼه

制服

د ښوونځي يونيفارم

教育

تعليم

百科事典

دايره المعارف

大学

پوهنتون

顕微鏡

مايکروسکوپ

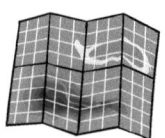

地図

نقشه

ごみ箱

اشغالدانی

ホテル
هوټل
ホステル
ليليه
両替所
د اسعارو د تبادلې دفتر
スーツケース
بکس
自動車
موټر

言語

ژبه

はい / いいえ

هو/نه

問題ない

سمه ده

ハロー

سلام

翻訳者

ژباړونکی

ありがとう

مننه

...はいくらですか？

ځومره دي...؟

わかりません

زه نه پوهیږم

問題

ستونزه

こんばんは！

ماښام مو پخير!

おはようございます！

سهار په خير!

おやすみなさい！

شپه په خير!

さようなら

په مخه مو ښه

方向

لارښود

手荷物

سامان

バッグ

بیگ

リュックサック

شاتنی بکس

お客様

میلمه

部屋

خونه

寝袋

د خوب کڅوړه

テント

خیمه

旅行者情報

د توریزم معلومات

ビーチ

ساحل

クレジットカード

کریډیټ کارت

朝食

ناری

昼食

د غرمي خواړه

夕食

د شپې خواړه

チケット

ټيکټ

エレベーター

لفټ

スタンプ

مهر

境界

پوله

税関

ګمرک

大使館

سفارت

ビザ

ویزه

パスポート

پاسپورټ

輸送

ټرانسپورټ

飛行機
الوتکه
船
消防車
د اور ماشین
バス
بس
トラック
ټرک
モーターボート
موټرکښتۍ
自動車
موټر
自転車
بایک

フェリー

کښتۍ

ボート

کښتۍ

バイク

موټرسایکل

パトカー

د پولیسو موټر

レーシングカー

د ریس موټر

レンタカー

کرایي موټر

カーシェアリング

د کرایه موټرې

レッカー車

جرثقیل لرونکی ټرک

ごみ収集車

ریفیوز ټرک

モーター

موټر

燃料

سونګ توکي

ガソリンスタンド

پټرول سټېشن

交通標識

ترافيکي نښه

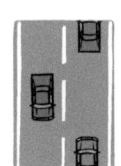

交通

ترافیک

渋滞

جام ترافیک

駐車場

د موټرو تمځای

駅

د ریل سټېشن

道

پاټکي

列車

ریل

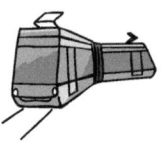

路面電車

ټرام

車両

واګون

ヘリコプター

چورلکه

空港

هوايي ډګر

タワー

برج

乗客

مسافر

コンテナ

کانټينر

段ボール箱

کارټون

カート

کارټ

カゴ

ټوکرۍ

離陸 / 着陸

الوتنه کول/کښېناستل

都市

ښار

村

کلی

都心

د ښار مرکز

家

کور

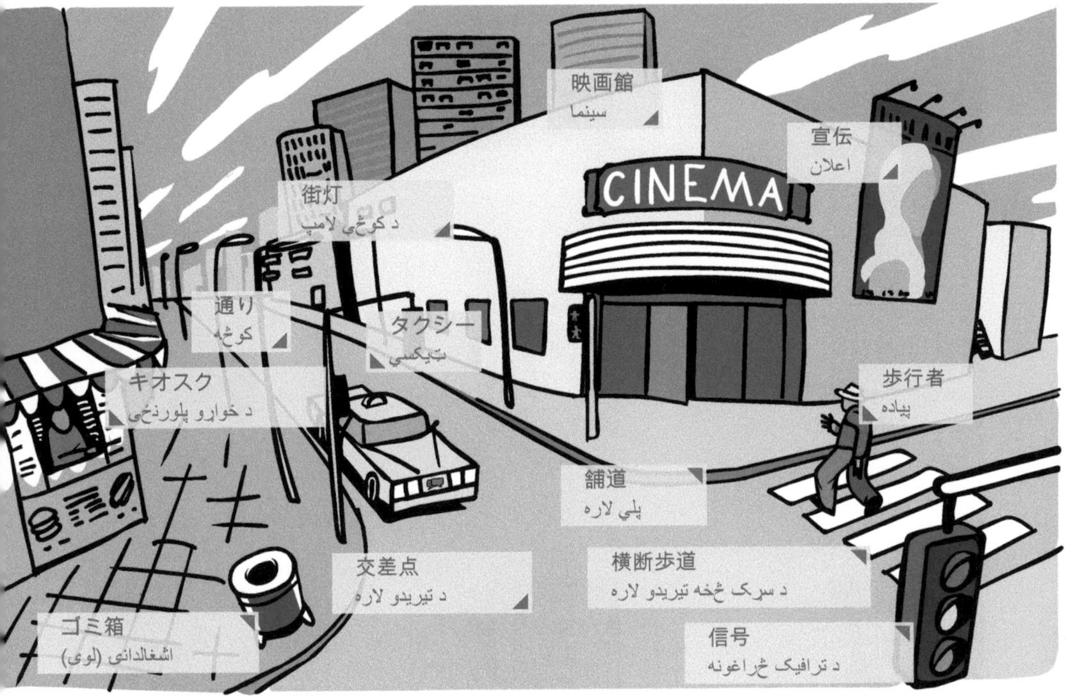

映画館
سينما
宣伝
اعلان
街灯
د کوڅې لامپ
通り
کوڅه
タクシー
キオスク
د خوارو پلورنځی
CINEMA
歩行者
پياده
舗道
پلي لاره
交差点
د تيريدو لاره
横断歩道
د سرک څخه تيريدو لاره
ゴミ箱
اشغالدانی (لوی)
信号
د ترافيک څراغونه

小屋

کوډله

アパート

اپارتمان

駅

د ريل سټيشن

市役所

ټاون هال

美術館

ميوزيم

学校

ښوونځی

大学

پوهنتون

銀行

بانک

病院

روغتون

ホテル

هوټل

薬局

درملتون

オフィス

دفتر

書店

کتاب پلورنځی

ショップ

پلورنځی

花屋

د ګلانو پلورنځی

スーパーマーケット

لوی پلورنځی

市場

مارکیټ

デパート

د ډیپارټمنټ سټور

魚屋

کب پلورنځی

ショッピングセンター

د پلور مرکز

港

لنګرتون

公園

پارک

ベンチ

بینچ

橋

پل

階段

زینه

地下鉄

د ځمکي لاندي

トンネル

تونل

バス停

بس تمځای

バー

بار

レストラン

ریسټورانټ

ポスト

پوست بکس

道路標識

د کوڅې نښه

パーキングメーター

د پارک کولو میټر

動物園

ژوبڼ

スイミングプール

د لامبو حوض

モスク

مسجد

農場

کرونده

汚染

ناپاکي

墓地

هدیره

教会

چرچ

遊び場

د لوبو ډگر

寺

معبد/کلیسا

風景
منظره

葉
پاڼه
道標
د لارښووني نښه
道
لاره
草地
چمن
石
کاڼی
木
ونه
ハイカー
هیکر
川
سیند
草
واښه
花

谷

دره

山

غونډۍ

湖

ناور

森

ځنګل

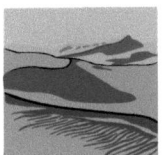

砂漠

دښته

火山

اورشیندی

城

کلا

虹

رنګین کمان

キノコ

مرخیړي

ヤシの木

پلم ونه

蚊

ماشي

ハエ

الوتل

蟻

میږی

ミツバチ

مچۍ

クモ

غونډل/جولا

カブトムシ

ګونګټ

蛙

چونګښه

リス

نولی

ハリネズミ

زيږکی

ウサギ

سوی

フクロウ

ګونګ

鳥

مرغۍ

白鳥

قازه

雄豚

نرخوګ

鹿

هوسۍ

ヘラジカ

ګاوزه

ダム

بند

風力タービン

بادي توربين

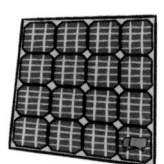

ソーラーパネル

سولر تختي

気候

اقليم

レストラン

ریسټورانټ

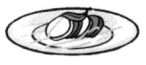

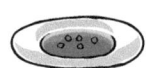

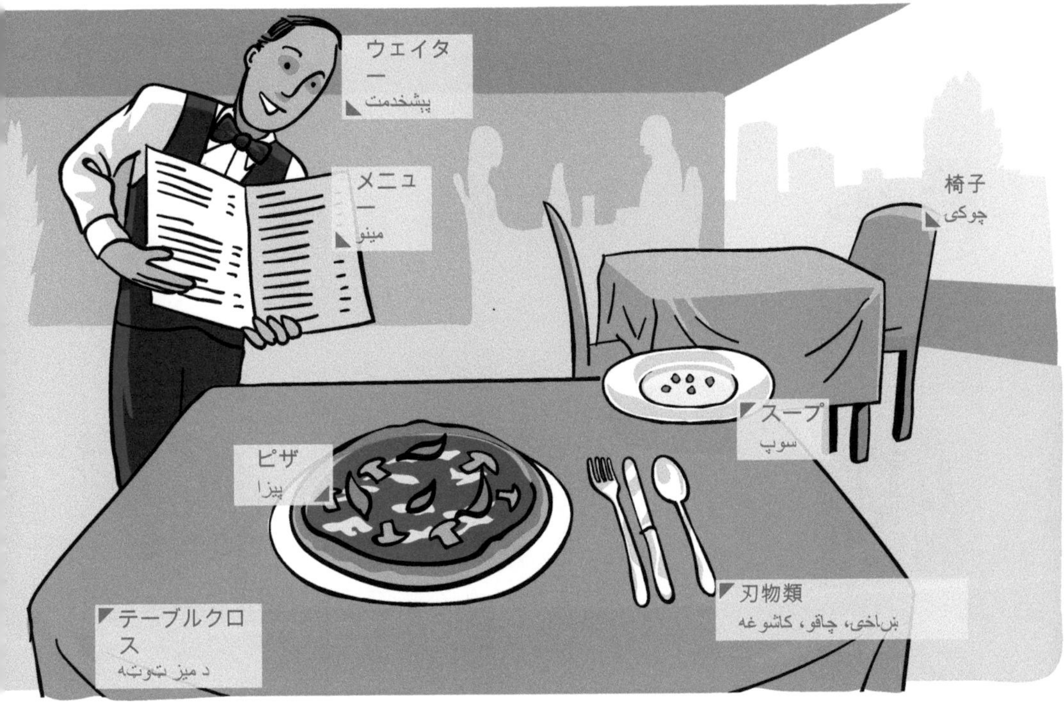

ウェイター
پېشخدمت
メニュー
مینو
椅子
چوکۍ
スープ
سوپ
ピザ
پیزا
刃物類
بڼاخې، چاقو، کاشوغه
テーブルクロス
د میز ټوټه

前菜

سټارټر

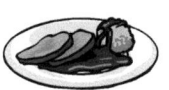

メインコース

اصلي خواړه

デザート

شیریني

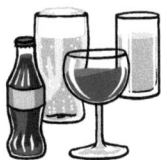

飲み物

څښاک

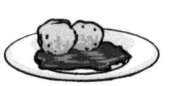

食べ物

خواړه

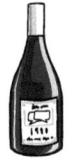

ボトル

بوتل

ファストフード

فاسټ فوډ

屋台の食べ物

د کوڅې خواړه

ティーポット

چای جوش

砂糖入れ

قندانی

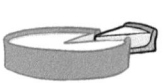

一人前

برخه

エスプレッソマシン

اسپرسو مشین

幼児用食事椅子

لوړه چوکۍ

請求書

رسید

トレー

مجمه

ナイフ

چاکو

フォーク

پنجه

スプーン

قاشق

ティースプーン

چای قاشق

ナプキン

سورویت

グラス

ګلاس

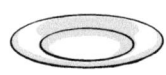

皿

پلیټ

スープ皿

د سوپ پلیټ

受け皿

نالبکۍ

ソース

ساس

塩入れ

مالګه شیندونکی

ペッパーミル

د مرچ ټکولو لوخی

酢

سرکه

油

غوړي

スパイス

مساله

ケチャップ

کچ اپ

マスタード

شرشم

マヨネーズ

چکه

スーパーマーケット
لوی پلورنځی

特価品
ځانګړی وړاندیز
FOR
顧客
پیرودونکی
乳製品
لبنیات
果物
میوه

肉屋

قصابي

パン屋

نانوایی

重さをはかる

وزن کول

野菜

سبزیجات

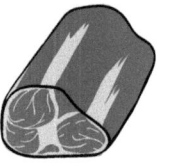

肉

غوښه

冷凍食品

کنګل خواړه

冷肉の薄切り

یخه غوښه

缶詰食品

کنسروا خواړه

洗剤

د مینځلو پوډر

菓子

شیریني

家庭用品

کورني تولیدات

清掃用品

د پاکولو محصولات

販売員

د پلور فرد

現金箱

د نغدي راجستر

レジ係

صراف

買い物リスト

د پیرود لیست

開館時刻

کاري ساعتونه

財布

بټوه

クレジットカード

کریدیت کارت

バッグ

کڅوړه

ポリ袋

پلاستیک کڅوړه

飲み物

څښاک

水

اوبه

ジュース

جوس

牛乳

شیده

コーラ

کوک

ワイン

واين

ビール

بير

アルコール

الکول

ココア

ککاو

紅茶

چای

コーヒー

کافي

エスプレッソ

اسپرسو

カプチーノ

کپچینو

食べ物
خواړه

バナナ

کیله

リンゴ

مڼه

オレンジ

نارنج

メロン

هندواڼه

レモン

لیمو

ニンジン

گازره

ニンニク

هوږه

竹

بانکس

玉ねぎ

پیاز

キノコ

مرخیړي

ナッツ

چغزی

ヌードル

آش

スパゲッティ

سپیګټي

米

وریجې

サラダ

سلاد

フライドポテト

چپس

フライドポテト

سره کړي کچالو

ピザ

پیزا

ハンバーガー

همبرګر

サンドウィッチ

ساندویچ

カツレツ

کټره

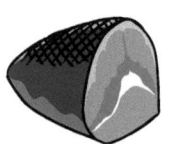

ハム

د پتون غوښه

サラミ

سلمي

ソーセージ

ساسچ

鶏肉

چرګ

焼き

روسټ

魚

کب

麦のお粥

د وربشي شيرني

ムーズリ

موسلي

コーンフレーク

د جوار پلی

小麦粉

اوړه

クロワッサン

کروسانت

ロールパン

د ډوډۍ رول

パン

ډوډۍ

トースト

ټوسټ

ビスケット

بسکیټ

バター

کوچ

カッテージチーズ

چکه

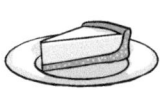

ケーキ

کیک

卵

هګۍ

目玉焼き

پښي هګۍ

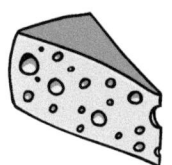

チーズ

پنیر

アイスクリーム

آیس کریم

砂糖

بوره

はちみつ

شهد

ジャム

مربا

ヌガークリーム

نوګاټ کریم

カレー

کورکمان

農場
کرونده

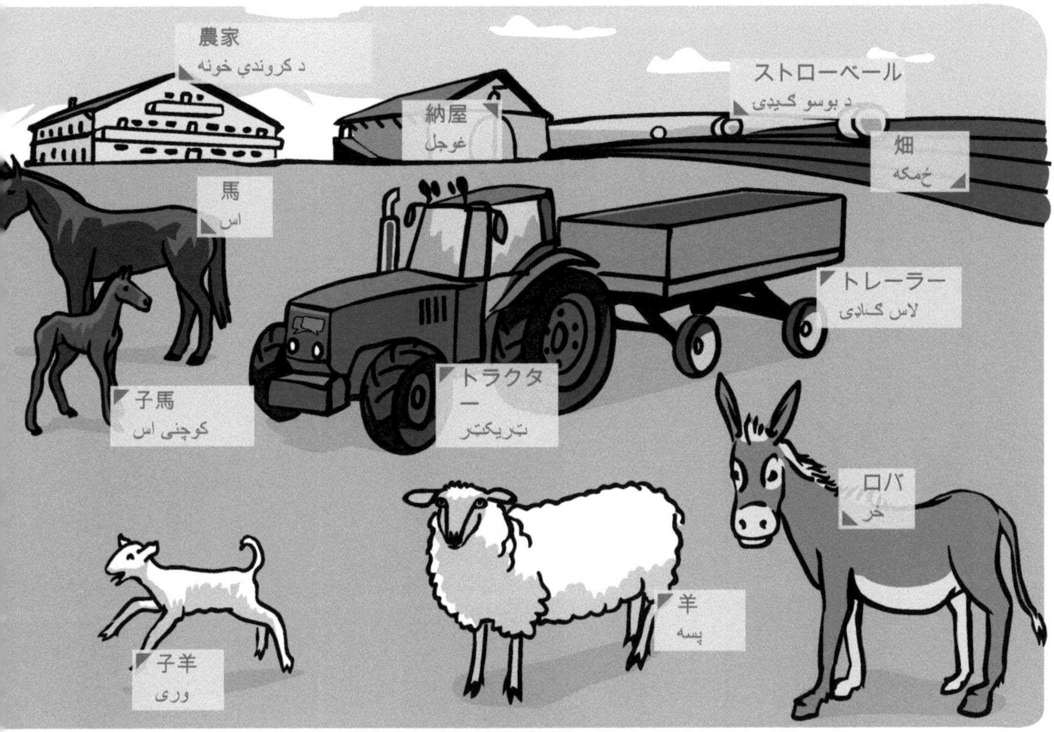

農家
د کروندې خونه
納屋
غوجل
ストローベール
د بوسو ګېډۍ
畑
ځمکه
馬
اس
トレーラー
لاس ګاډی
子馬
کوچنی اس
トラクター
ټریکټر
ロバ
خر
羊
پسه
子羊
وری

ヤギ

وزه

雌牛

غوا

子牛

خوسکی

豚

خوګ

子豚

د خوګ بچی

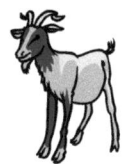

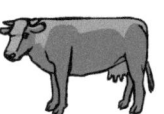

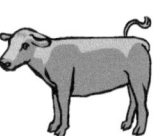

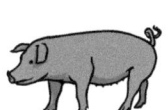

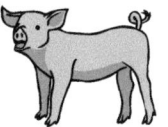

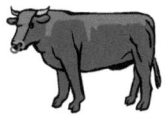

雄牛

غویی

ガチョウ

بته

アヒル

هیلی

ひよこ

چرگوری

にわとり

چرگه

おんどり

بانگي

ネズミ

سارای موږک

猫

پیشک

ねずみ

موږک

雄牛

غویی

犬

سپی

犬小屋

د سپي خونه

散水ホース

د باغ هوز

じょうろ

د اوبو لوخی

大鎌

لور (داس)

すき

یوی

草刈り鎌

لور

くわ

رمبی

堆肥用フォーク

ښاخی

斧

تبر

手押し車

کراچی

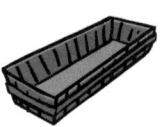

かいばおけ

ناوه

牛乳缶

د شیدو لوخی

袋

جوال

フェンス

کټاره

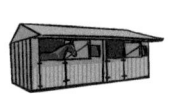

畜舎

مضبوط

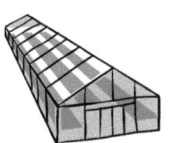

温室

شنه خونه

土壌

خاوره

種

تخم

肥料

سره/کود

コンバイン

گډ ریبونکی ماشین

収穫する

زیرمه کول

収穫

درمند

ヤマイモ

خواږه کچالو

小麦

غنم

大豆

سویا

じゃがいも

کچالو

トウモロコシ

جوار

菜種

نباتي تخم

果樹

د میوې ونه

キャッサバ

مانیوک

穀物

غله

家

کور

煙突
屋根
بام
排水管
ناودان
窓
車庫
呼び鈴
د دروازې زنګ
ドア
دروازه
ゴミ箱
اشغالدانی
郵便受け
د لیک بکس
庭
باغ

リビングルーム

د اوسیدو خونه

浴室

حمام

台所

پخلنځی

寝室

د ویده کیدو خونه

子供部屋

د ماشوم خونه

ダイニング・ルーム

د خوارو خونه

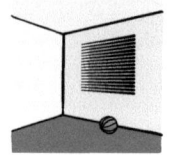

床

فرش

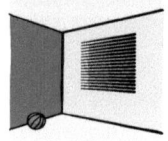

壁

دیوال

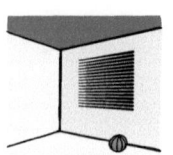

天井

چت

地下貯蔵庫

زیرخانه

サウナ

سونا

バルコニー

بالکوني

テラス

تراس

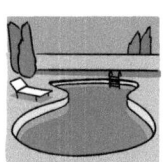

プール

حوض

芝刈り機

د چمن وهلو ماشین

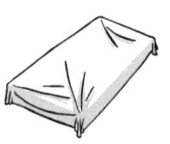

シーツ

شیټ

ベッドカバー

روجایی

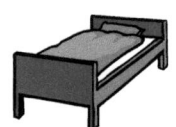

ベッド

تخت

ほうき

جارو

バケツ

بوکه

スイッチ

سویچ

リビングルーム

د اوسیدو خونه

壁紙
والپیپر
絵
عکس
لامپ
棚
شیلف
食器棚
الماری
テレビ
تلویزیون
暖炉
نغری
花
گل
クッション
بالښت
ソファ
صوفه
花瓶
گلدانی
リモコン

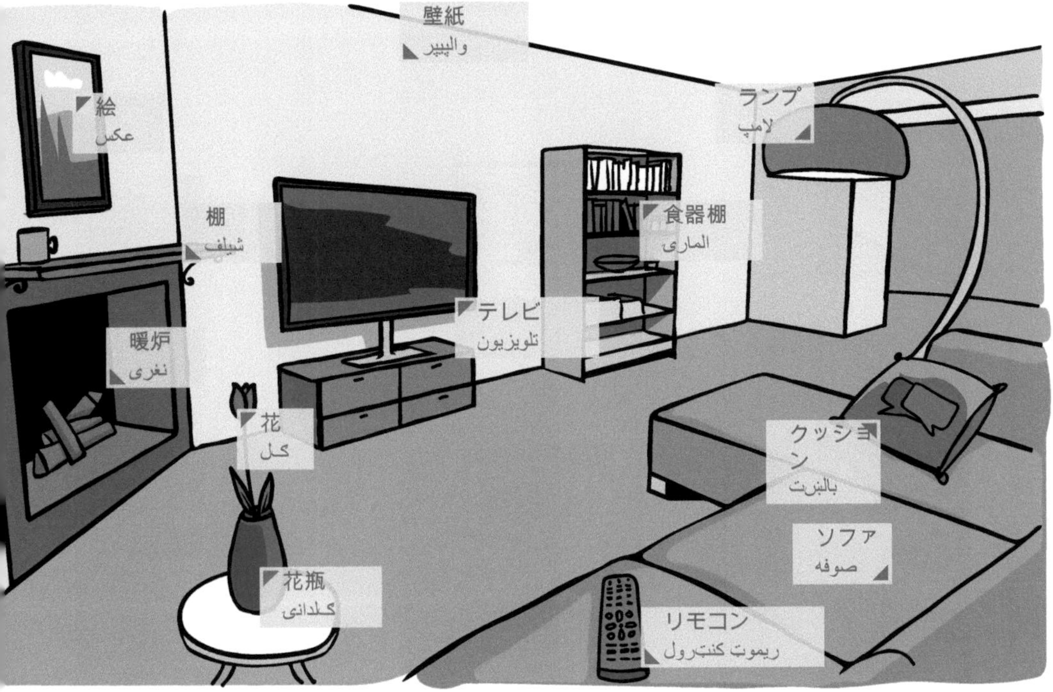

カーペット

غالی

カーテン

پرده

テーブル

میز

椅子

چوکی

ロッキングチェア

تاویدونکي چوکی

ひじ掛け椅子

بازو لرونکی چوکی

本

کتاب

毛布

کمپل

飾り

ډيکوريشن

たきぎ

د اور لرګـي

映画

فلم

ステレオ

هايـفاى

鍵

کلي

新聞

ورځپاڼه

絵画

نقاشي

ポスター

پوسټر

ラジオ

راډيو

メモ帳

کتابچه

掃除機

واکيوم جارو

サボテン

کاکتوس

ろうそく

شمع

پخلنځی

冷蔵庫
فریج
電子レンジ
مایکرو ویو اون
調理用はかり
トースター
洗剤
مینځونکی
オーブン
ستوو
冷凍室
یخچال
ゴミ箱
اشغالدانی
食器洗い機
د لوخو مینځونکی

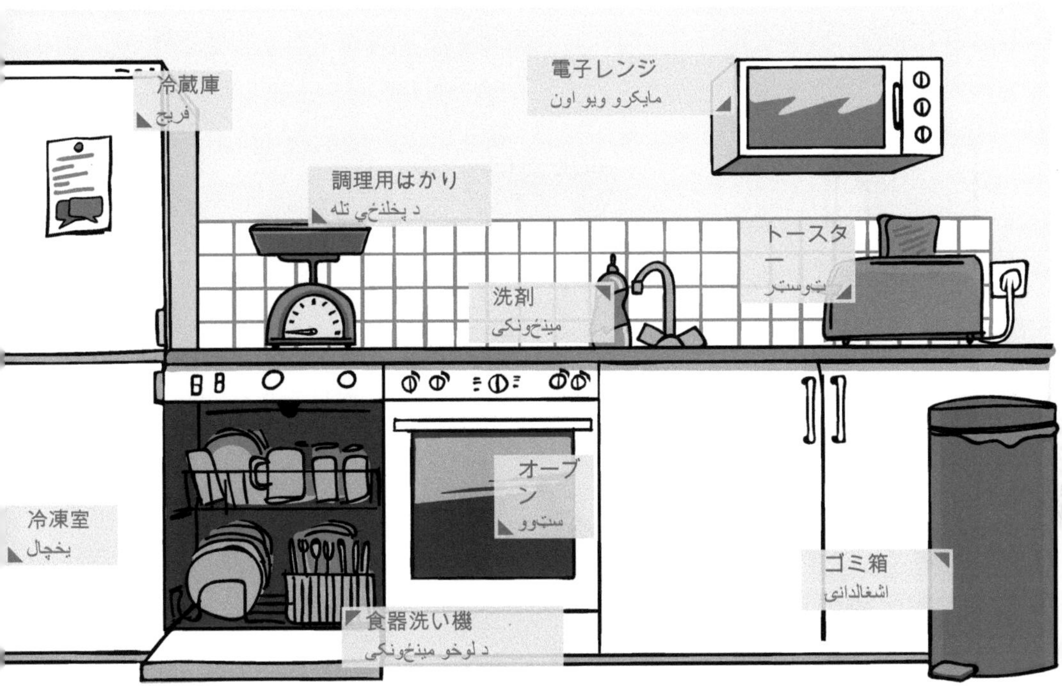

こんろ

دیگ بخار

鍋

لوخی

鉄鍋

چدني لوخی

中華鍋/ カダイ鍋

ووک

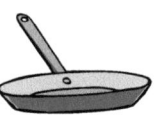

フライパン

د تلي په

やかん

چای جوش

蒸し器

د بخار دیگ

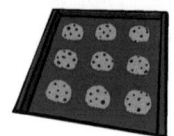

天板

پتنوس

食器

لوخي

マグカップ

مګ

ボウル

کاسه

箸

د رانیولو اوزار

おたま

څمڅۍ

へら

کفګیر

泡立て器

پاکونکی

こし器

صافي

ふるい

غلبیل

すりおろし器

ګریټر

すり鉢

اونګ

バーベキュー

بار بي کیو

かまど

خلاص اور

まな板

تخته

麺棒

هوارونکی

栓抜き

کارک سکریو

缶

ټيم

缶切り

د ټيم خلاصونکی

鍋つかみ

د لوخي ټوټه

流し

ظرف شوی

ブラシ

برس

スポンジ

سپنج

ミキサー

بلینډر

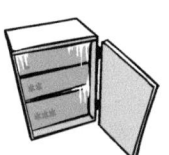

冷凍庫

ژور یخچال

哺乳瓶

د ماشوم بوتل

蛇口

نل

浴室

حمام

ヒーター
تودول
タオル
جان پاک
シャワー
شاور
シャワーカーテン
د شاور پرده
泡風呂
بيل حمام
浴槽
د حمام ټب
グラス
ګلاس
洗濯機
د مينځلو مشين
タイル
ټايلونه
蛇口
نل
おまる
يو دول کمود
流し
ظرف شوی

トイレ

تشناب

和式トイレ

فرشي کمود

ビデ

کمود

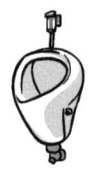

小便器

د متيازو ځای

トイレットペーパー

تشناب کاغذ

トイレブラシ

د تشناب برس

歯ブラシ

د غاښونو برس

歯みがき

د غاښونو کريم

デンタルフロス

د غاښونو نخ

洗う

مينځل

シャワーヘッド

لاسي شاور

ハンドビデ

دوش

洗面台

خانک

ボディブラシ

د شا برس

石鹸

صابون

シャワー用ジェル

د شاور ژل

シャンプー

شامپو

浴用タオル

فلانل جامه

排水口

وچول

クリーム

کريم

消臭

سپری

鏡

آینه

手鏡

لاسي آینه

かみそり

ریزر

シェービング・フォーム

د خریلو فوم

アフターシェーブローション

د خریلو وروسته

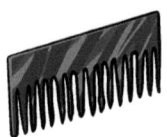

櫛

ګمنځ

ブラシ

برس

ドライヤー

د ویښتانو وچونکی

ヘアスプレー

د ویښتانو سپری

化粧

میک اپ

口紅

لیپ سټیک

マニキュア

د نوکانو پالش

脱脂綿

کاټن وری

爪切り

ناخن ګیر

香水

عطر

洗面用具入れ

د مینځلو کڅوړه

スツール

سټول

体重計

د وزن کولو تله

バスローブ

د حمام پوښاک

ゴム手袋

د ربړ دستکش

タンポン

ټامپون

生理用ナプキン

صحیی جان پاک

ケミカルトイレ

کیمیکل تشناب

子供部屋

د ماشوم خونه

د الارم ساعت
ぬいぐるみ
د لوبو وسایل
おもちゃの自動車
د ناڅکي موټر
ドール・ハウス
プレゼント
がらがら
ريتل

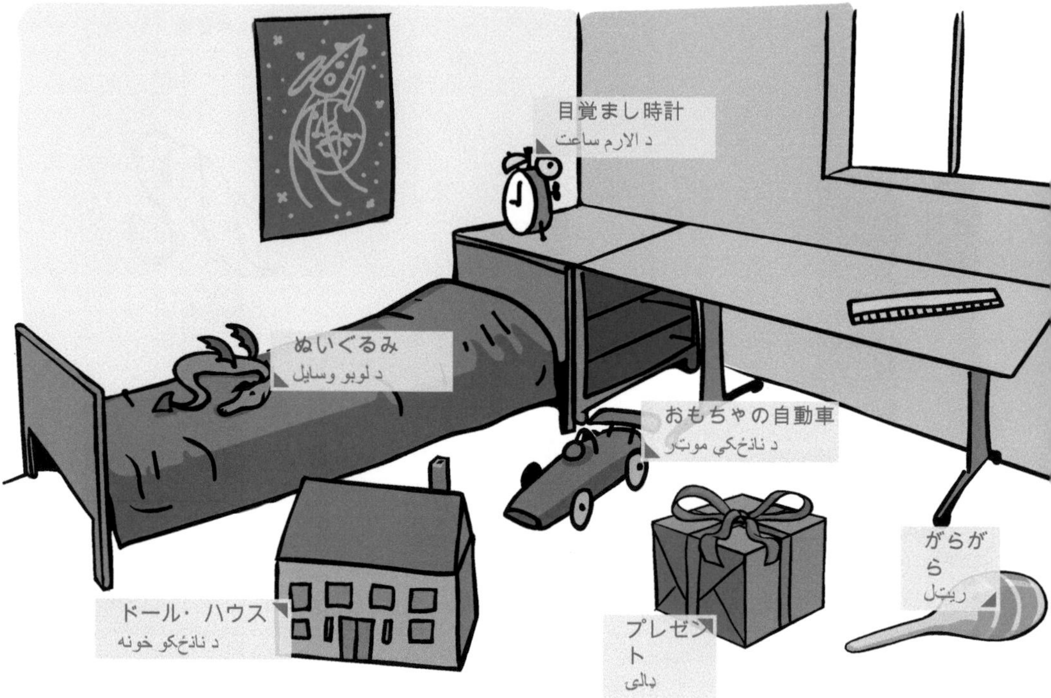

風船

بالون

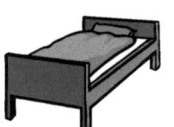

ベッド

تخت

ベビーカー

کالسکه

カードゲーム

د لوبو ورقي

ジグソーパズル

جيګسا

漫画

مسخره

レゴ

لیګو بریک

玩具ブロック

د نانځکو بلاک

アクションフィギュア

د اکشن فیګور

ロンパース

د ماشوم پوښاک

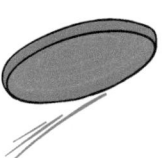

フリスビー

فریزبي

モバイル

موبایل

ボードゲーム

بورډ لوبه

さいころ

تاس

鉄道模型

ماډل ریل سیټ

おしゃぶり

ګونګشی

パーティー

پارټي

絵本

د عکسونو البوم

ボール

بال

人形

نانځکه

遊ぶ

لوبیدل

砂場

د شګو کنده

ブランコ

سوینګ

おもちゃ

نانځکي

ゲーム機

د ویډیو لوبو کنسول

三輪車

ټرای سایکل

テディベア

ګوډکه

衣装ダンス

د کالو الماری

衣服

پوښاک

靴下

جرابې

ストッキング

لوړې جرابې

タイツ

ټایټس

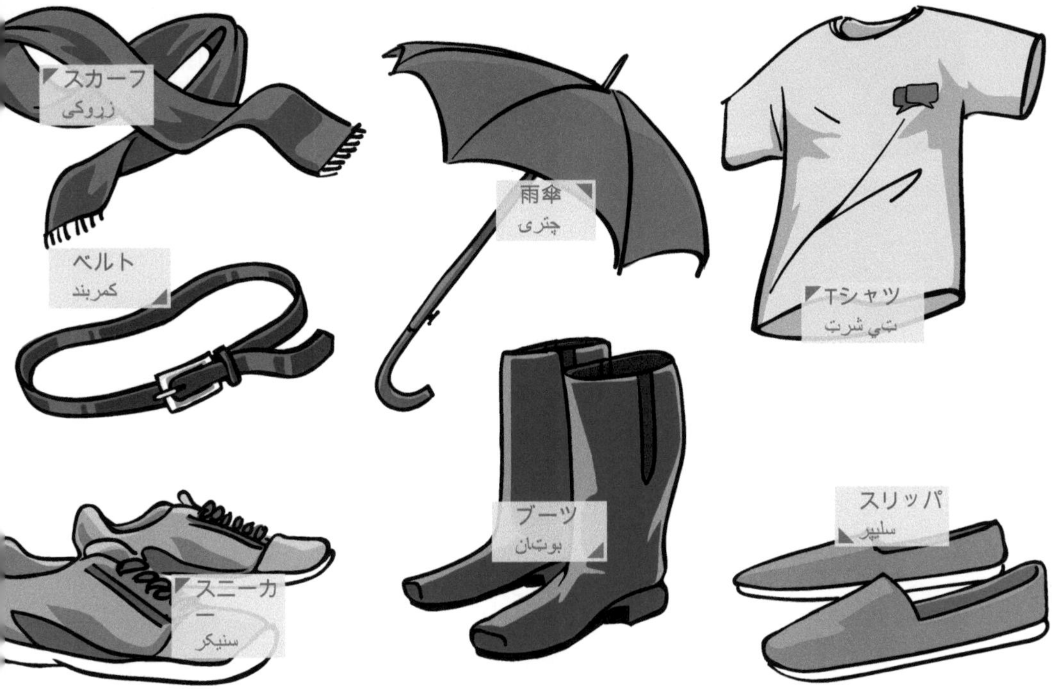

スカーフ
زروکی

ベルト
کمربند

雨傘
چتری

Tシャツ
ټي شرت

ブーツ
بوټان

スリッパ
سلیپر

スニーカー
سنیکر

サンダル
سیندل

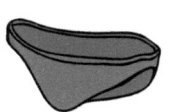
靴
بوټان

ゴム長靴
د ربر بوټان

パンツ
زیرنیکري

ブラ
سینه بند

ベスト
واسکټ

ボディースーツ
بادي

ズボン
پتلون

ジーンズ
جينز

スカート
لمن

ブラウス
بلاوز

シャツ
شرټ

セーター
بنيان

パーカー
سويټر

ブレザー
بليزر

ジャケット
جاکټ

コート
کوټ

レインコート
د باران کوټ

服装
پوښاک

ドレス
کالي

ウェディングドレス
د واده پوښاک

スーツ

دريشي

ナイトガウン

د شپې پوښاک

パジャマ

پاجامه

サリー

ساړي

ヘッドスカーフ

لوپټه

ターバン

پټکی

ブルカ

برقه

カフタン

کفتن

アバヤ

عبا

水着

د لامبو پوښاک

トランクス

نیکر

半ズボン

شارټ

スウェットスーツ

د ځغاستې پوښاک

エプロン

پیش بند

手袋

دستکش

ボタン

بټن

メガネ

عینک

ブレスレット

لاس بند

ネックレス

غاړه کۍ

指輪

ګوتمه

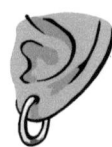

イヤリング

غوږوالۍ

帽子

خولۍ

ハンガー

کوټ بند

帽子

خولۍ

ネクタイ

ټایی

ファスナー

ځنځیر

ヘルメット

هیلمیټ

サスペンダー

تړونکی

制服

د ښوونځي یونیفارم

ユニフォーム

یونیفارم

よだれかけ

بيب

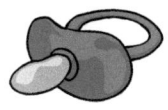

おしゃぶり

ګونګشی

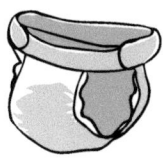

おむつ

نيپي

オフィス

دفتر

サーバ
سرور
書類キャビネット
د دوسیه الماری
プリンター
پرینټر
紙
ورق
モニター
مانیټور
ماوس
事務机
ډیسک
フォルダー
キーボード
کي بورډ
ごみ箱
اشغالدانی
コンピューター
کمپیوټر
椅子
چوکی

コーヒーマグ

د کافي پیاله

計算機

کالکولیټر

インターネット

انټرنیټ

ラップトップ

لپ ټاپ

手紙

لیک

メッセージ

پیغام

携帯電話

موبایل

ネットワーク

نیټورک

コピー機

فوټوکاپیر

ソフトウェア

سافټویر

電話

تلیفون

コンセント

پلک ساکټ

ファックス

فکس مشین

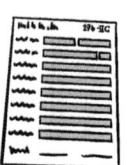

フォーム

فارم

書類

سند

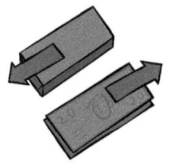

買う

پیرل

支払う

تادیه کول

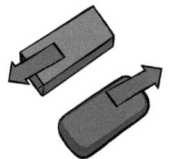

取引する

سوداګري کول

お金

پیسې

ドル

ډالر

ユーロ

یورو

円

ین

ルーブル

ربل

スイスフラン

سویسي فرانک

人民元

رینمینبي یوان

ルピー

روپۍ

キャッシュポイント

د نغدي پیسو ځای

両替所

د اسعارو د تبادلي دفتر

金

سره زر

銀

سپین زر

油

تیل

エネルギー

انرژي

価格

نرخ

契約

قرارداد

税金

مالیه

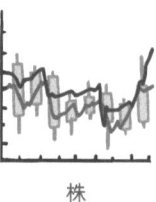

株

اسهام

働く

کار کول

従業員

کارمند

雇用主

کار ګومارونکی

工場

فابریکه

ショップ

پلورنځی

職業
مسلکونه

警察官
د پولیسو افسر
消防士
د اطفایه غری
コック
آشپز
医師
パイロット
پیلوټ

庭師
باغوان

大工
نجار

お針子
خیاط

裁判官
قاضي

化学者
کیمیا پوه

俳優
د فلم لوبغاړی

バスの運転手

د بس ډرايور

タクシー運転手

د ټيکسي ډرايور

漁師

کب نيونکی

掃除婦

خدمه

屋根ふき職人

بام جوړونکی

ウェイター

پيشخدمت

ハンター

ښکاري

塗装工

نقاش

パン屋

نانوا

電気工

د برښنا کارکونکی

建設作業員

تعمير جوړونکی

エンジニア

انجنير

肉屋

قصاب

配管工

نلدوان

郵便配達人

پوست رسونکی

軍人

سرتیری

建築家

مهندس

レジ係

صراف

花屋

مالیار

美容師

نایی

車掌

کلینډر

機械工

میکانیک

キャプテン

کپتان

歯科医

د غاښونو ډاکټر

科学者

ساینس پوه

ラビ

ښاغلی

イスラム導師

امام

修道士

مذهبي نفر

牧師

پادري

道具

لوازم

ハンマー
くぎ抜き
پلاس
ドライバー
پیچکش
スパナ
رینچ
懐中電灯
څراغ

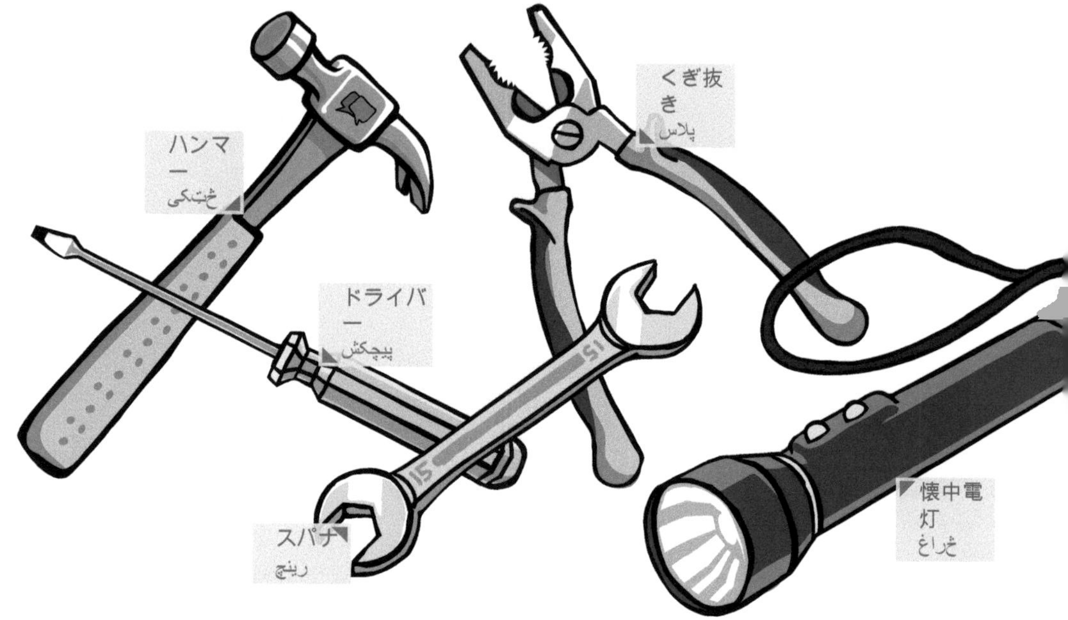

掘削機

کنستونکی

道具箱

د لوازمو بکس

はしご

زینه

のこぎり

اره

釘

میخونه

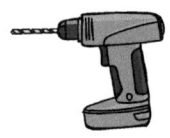

ドリル

برمه

修理する

ترمیم کول

シャベル

بیل

クソ！

لعنت!

ちりとり

خاک انداز

ペンキ缶

مشوانی

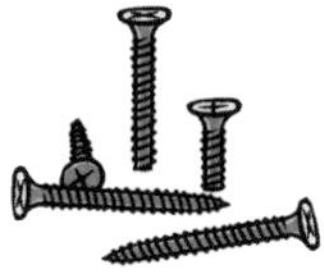

ネジ

پیچونه

楽器

د میوزیک آلات

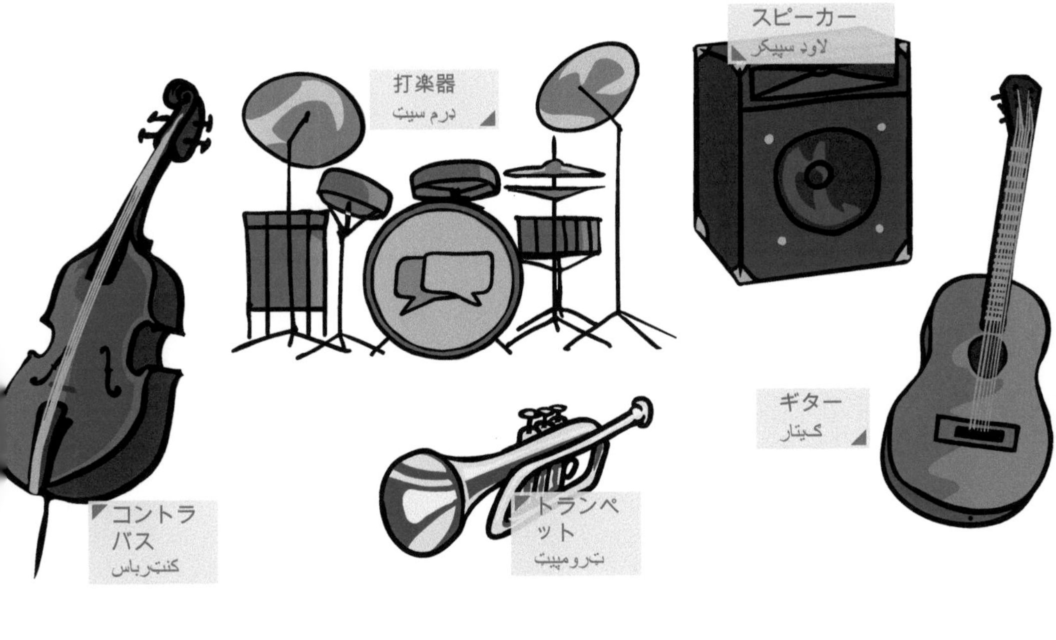

スピーカー
لاود سپیکر

打楽器
درم سیت ◢

◢ ギター
کیتار

▼ コントラ
バス
کنترباس

トランペ
ット
ترومپیت

ピアノ

پیانو

バイオリン

وایلن

バス

باس

ティンパニ

نغاره

ドラム

ډرمونه

キーボード

کي بورډ

サックス

سیکسافون

フルート

شپیلی

マイクロフォン

مایکروفون

動物園

ژوبڼ

入口
ننوتو لاره
虎
おり
پنجره
シマウマ
ګوره خر
飼料
د ژویو خواړه
パンダ

動物

ژوی

象

هاتي

カンガルー

کنګرو

サイ

د اوبو اسپ

ゴリラ

ګوریلا

熊

ایږه

ラクダ

اوښ

ダチョウ

شترمرغ

ライオン

زمری

猿

بيزو

フラミンゴ

غزی

オウム

طوطي

白クマ

قطبي ايږه

ペンギン

پينګوين

サメ

شارک

クジャク

طاوس

蛇

مار

ワニ

تمساح

飼育係

ژوبڼ ساتونکی

アザラシ

سيل

ジャガー

جګوار

ポニー

یابو

ヒョウ

پړانګ

カバ

هیپو

キリン

زرافه

鷲

باز

雄豚

نرخوګ

魚

کب

亀

شمشتۍ

セイウチ

سمندري نولی

狐

ګیدړه

ガゼル

هوسۍ

アメフト
امریکایی فټبال

サイクリング
سایکل ځغلول

テニス
ټینس

バスケットボール
باسکیټبال

水泳
لامبو

ボクシング
باکسینګ

アイスホッケー
د کنګل هاکي

サッカー

فټبال

バドミントン

کښیزه

陸上競技

د ځغاستي لوبی

ハンドボール

د هندبال

スキー

سکي

ポロ

پولو

笑う
خندل

跳ぶ
توپ وهل

抱きしめる
غاړه وركول

歩く
ګرځېدل

歌う
سندري ويل

祈る
عبادت کول

キス
مچو کول

夢見る
خوب ليدل

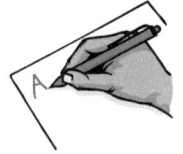

書く
ليکل

描く
کښل

示す
ښودل

押す
ټېله کول

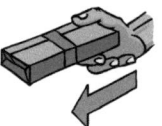

与える
وركول

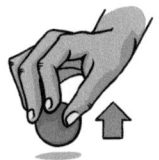

取る
اخيستل

持っている

درلودل

する

کول

ある

پاییدل

立つ

ودریدل

走る

منډې وهل

引く

راکښل

投げる

ګوزارول

落ちる

لویدل

横たわっている

څملاستل

待つ

انتظار کول

運ぶ

وړل

座る

کښیناستل

着る

پوښاک اغوستل

眠る

ویده کیدل

目が覚める

پاڅیدل

見る

کتل

泣く

ژړل

なでる

برید کول

櫛ですく

ګمنځ کول

話す

خبرې کول

理解する

پوهیدل

質問する

غوښتل

聞く

اوریدل

飲む

څښل

食べる

خوړل

片づける

پاکول

愛する

مینه کول

料理する

پخلی کول

運転する

موټر چلول

飛ぶ

الوتل

ヨットに乗る

بیړۍ چلول

計算する

حساب

読む

لوستل

学ぶ

زده کول

働く

کار کول

結婚する

واده کول

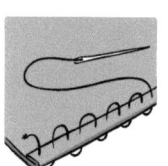

縫う

ګنډل

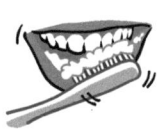

歯を磨く

د غاښونو برس کول

殺す

وژل

喫煙する

سګرټ څښل

送る

لیږل

家族

كورنۍ

祖母
祖父
نیکه
父
پلار
母
مور
赤ん坊
ماشوم
娘
لور
息子
زوی

お客様

میلمه

おば

ترور

おじ

کاکا/ماما

兄弟

ورور

姉妹

خور

体

بدن

ひたい
تندی
目
顔
مخ
あご
زنه
指
ګوته
手
لاس
胸
سینه
腕
مټ
肩
اوږه
脚
پښه

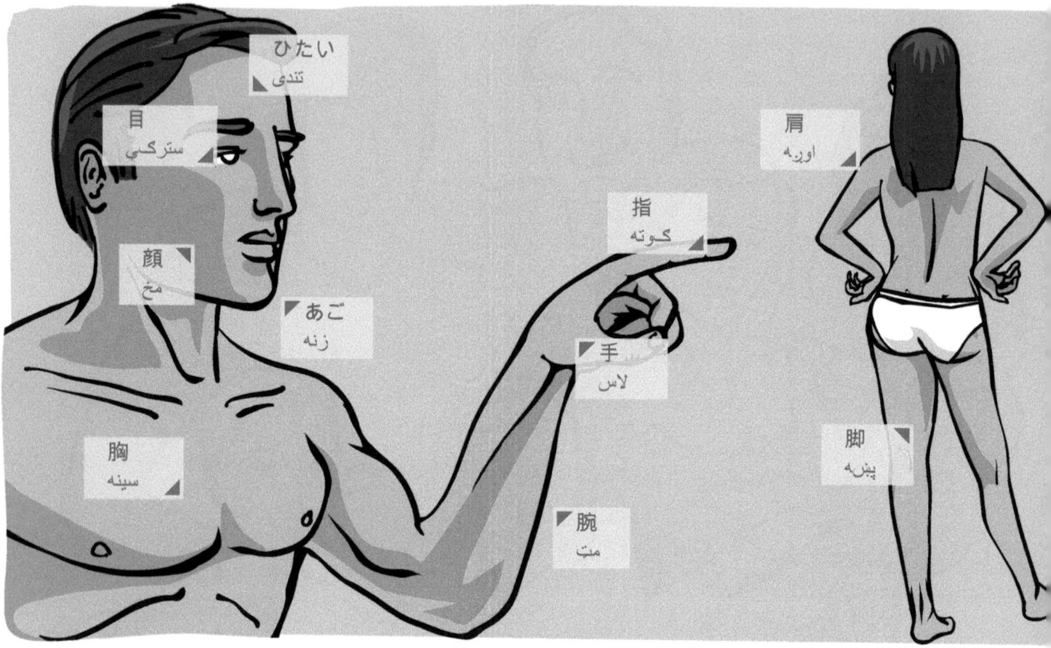

赤ん坊

ماشوم

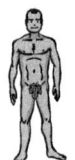

男性

سړی

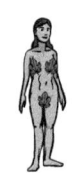

女性

ښځه

少女

انجلۍ

少年

هلک

頭

سر

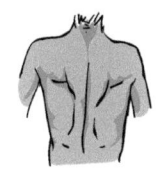

背中

شا

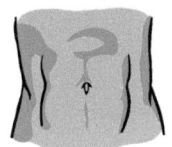

腹

خیټه

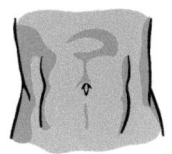

へそ

نوم

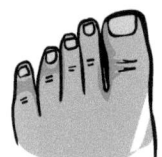

足指

د پښې ګوته

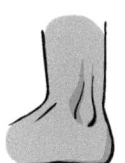

かかと

پونده

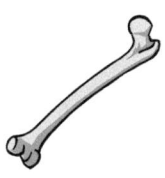

骨

هډوکی

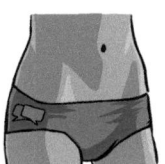

腰

کوناټی

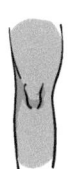

ひざ

زنګون

ひじ

څنګل

鼻

پوزه

尻

لاندې برخه

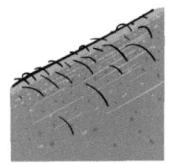

皮膚

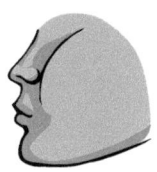

پوټکی

頬

غومبوری

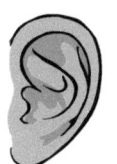

耳

غوږ

唇

شونډه

口

خوله

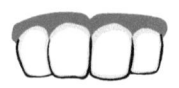

歯

غاښ

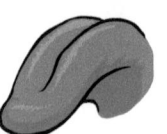

舌

ژبه

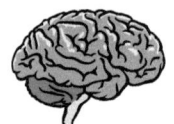

脳

مغز

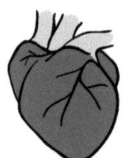

心臓

زړه

筋肉

عضله

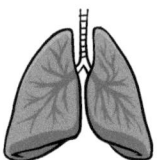

肺

سږی

肝臓

ځيګر

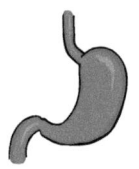

胃

معده

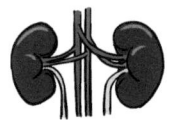

腎臓

پښتورګي

セックス

جنسي نږدې والی

コンドーム

کاندوم

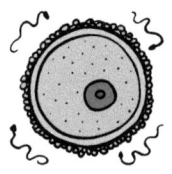

卵細胞

تخمه

精液

مني

妊娠

حمل

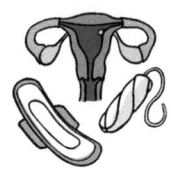

月経
....
حيض

膣
....
مهبل

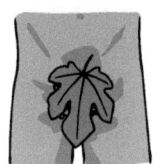

ペニス
....
د نارينه تناسلي آله

眉
....
وروځى

髪
....
ويښته

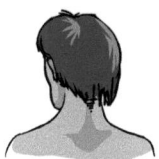

首
....
غاړه

病院
روغتون

救急車
امبولانس
車椅子
ویل چیر
骨折
کسر

医師

ډاکټر

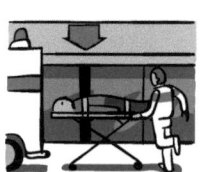

救急治療室

عاجل خونه

看護師

رنځورپال

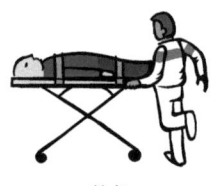

救急

عاجل

失神

بې هوش

痛み

درد

けが

ټپ

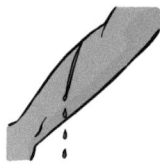

出血

وینه تویدل

心臓発作

د زړه حمله

脳卒中

ضرب

アレルギー

حساسیت

咳

ټوخی

熱

تبه

インフルエンザ

انفلوینزا

下痢

نس ناستی

頭痛

سر درد

癌

سرطان

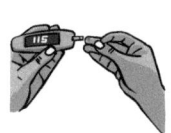

糖尿病

شکر

外科医

جراح

外科用メス

سکالپل

手術

عملیات

CT

سيټي

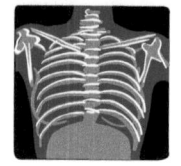

レントゲン

ايکس رې

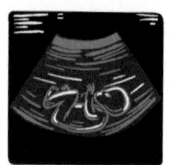

超音波

التراساوند

マスク

د مخ ماسک

病気

ناروغي

待合室

انتظار خونه

松葉づえ

امسأ

ばんそうこう

پلستر

包帯

بنداژ

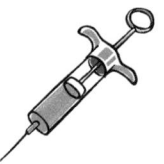

注射

تزريق

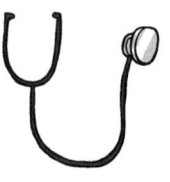

聴診器

ستاتسکوپ

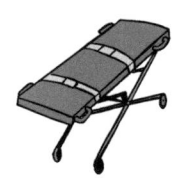

担架

تسکيره

体温計

کلينکي ترماميټر

出産

زيږون

肥満

زيات وزن

補聴器

د اوریدو مرسته

消毒剤

د عفونیت څخه پاکونکي مواد

感染

عفونیت

ウイルス

ویروس

HIV / エイズ

ایچ.آی.وی/ایډز

内服薬

درمل

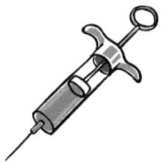

予防接種

واکسین

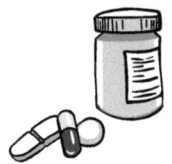

錠剤

ټابلیټس

ピル

ګولۍ

緊急電話

عاجل تلیفون

血圧計

د وینې د فشار څارونکی

病気の / 健康な

ناروغ/روغ

救急

عاجل

助けて！

مرسته!

アラーム

الارم

暴行

یرغل

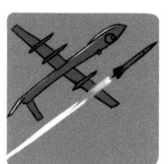

攻撃

برید

危険

خطر

非常口

عاجل لاره

火事だ！

اور!

消火器

د اور وژونکی

事故

پیښه

救急箱

د لومړی مرستي لوازم

SOS

ایس.او.ایس

警察

پولیس

地球

ځمکه

ヨーロッパ
اروپا

北米
شمالي امريکا

南米
سهيلي امريکا

アフリカ
افريقا

アジア
آسيا

オーストラリア
آسټريليا

大西洋
اتلانتيک

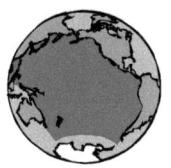

太平洋
پاسيفيک

インド洋
د هند بحر

南極海
جنوبي منجمد بحر

北極海
د شمال قطب بحر

北極
شمالي قطب

南極

سهيلي قطب

南極大陸

انټارکټيکا

地球

ځمکه

陸

ځمکه

海

بحر

島

ټاپو

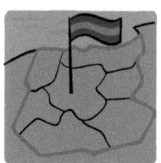

国家

ملت

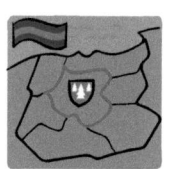

国家

دولت

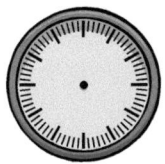

時計
ساعت

文字盤
د مخي ساعت

短針
د ساعت ستنه

長針
د دقيقي ستنه

秒針
د ثانيې ستنه

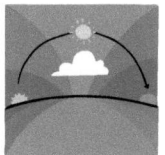

何時ですか？
څه وخت دی؟

日
ورځ

時間
وخت

現在
اوس

デジタル時計
ډيجيټل ساعت

分
دقيقه

時間
ساعت

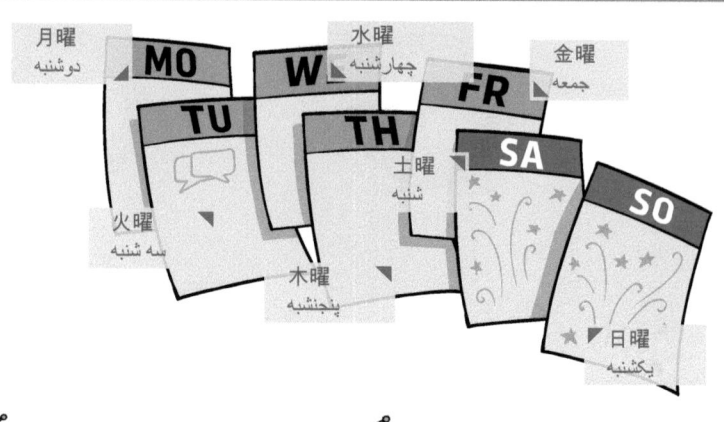

週

اونۍ

月曜
دوشنبه
火曜
سه شنبه
水曜
چهارشنبه
木曜
پنجشنبه
金曜
جمعه
土曜
شنبه
日曜
یکشنبه
TU

TUE

昨日

پرون

TUE
2

今日

نن

TUE

明日

سبا

朝

سهار

昼

غرمه

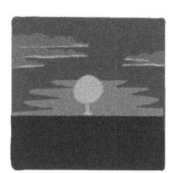

夜

ماښام

営業日

کاري ورځې

週末

د اونۍ پای

虹
رنګين کمان
雨
باران
雪
واوره
風
باد
春
پسرلی
秋
منی
夏
اوړی
冬
ژمی

天気予報

د موسم وړاندوينه

温度計

ترمومیټر

日差し

د لمر وړانګي

雲

وريځ

霧

لړه

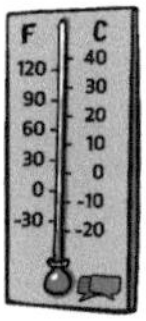

湿度

رطوبت

雷

رڼا

雷

تندر

嵐

توفان

ひょう

ږلی وریدل

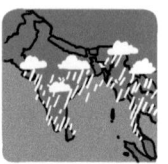

季節風

مون سون باران

洪水

سیلاب

氷

یخ

1月

جنوري

2月

فبروري

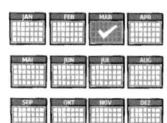

3月

مارچ

4月

اپریل

5月

می

6月

جون

7月

جولای

8月

اګست

9月
....
سپتمبر

10月
....
اکتوبر

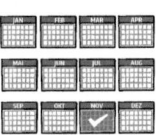

11月
....
نومبر

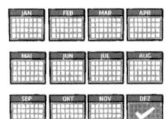

12月
....
دسمبر

形
شکلونه

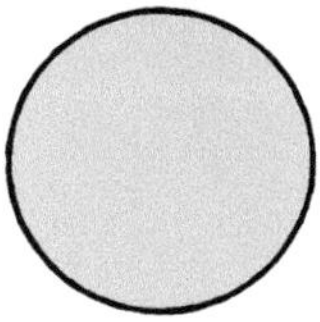

円
....
دایره

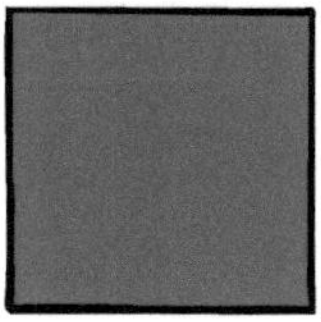

正方形
....
مربع

長方形
....
مستطیل

三角
....
مثلث

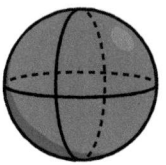

球
....
توپ

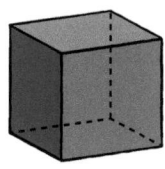

立方体
....
فال

色

رنګونه

白

سپین

黄

ژیړ

オレンジ

نارنجي

ピンク

ګلابي

赤

سور

紫

ارغواني

青

نیلي

緑

شین

茶

نسواري

灰色

خړ

黒

تور

多い / 少ない

....

خورا ډير/خورا لږ

怒っている / 落ち着いている

....

قار/ارام

美しい / 醜い

....

ښکلی/بدشکله

初め / 終わり

....

پيل/پای

大きい / 小さい

....

لوی/کوچنی

明るい / 暗い

....

روښانه/تیاره

兄弟 / 姉妹

....

ورور/خور

清潔な / 汚い

....

پاک/ککړ

完全な / 不完全な

....

مکمل/نامکمل

日中 / 夜

....

ورځ/شپه

死んだ / 生きている

....

مړ/ژوندی

幅広い / 狭い

....

پراخه/نری

食べられる / 食べられない
د خوراک وړ/نه خوړل کیدونکی

悪意のある / 親切な
بد/مهربان

興奮している / 退屈している
پاریدلی/بې خونده

太った / 痩せた
چاق/وچ

最初に / 最後に
لومړی/وروستی

友人 / 敵
ملګری/دښمن

いっぱいの / 空の
ډک/تش

硬い / 柔らかい
سخت/نرم

重い / 軽い
درووند/سپک

空腹 / 喉の渇き
لوږه/تنده

病気の / 健康な
ناروغ/روغ

違法な / 合法な
غیرقانوني/قانوني

賢い / 愚かな
هوښیار/ساده

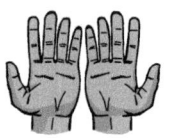

左に / 右に
کیڼ/ښي

近い / 遠い
نږدې/لرې

新しい / 中古の

نوی/زوړ

何もない / 何かある

هیڅ/یوڅه

老いた / 若い

بډا/ځوان

オン / オフ

چالان/بند

開いている / 閉まっている

خلاص/تړلی

静かな / うるさい

غلی/لوړ غږ

裕福な / 貧乏な

بدایه/غریب

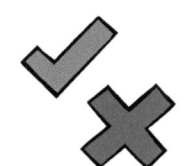

正しい / 間違っている

صحيح/غلط

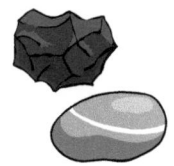

粗い / なめらか

زیږ/ملايم

悲しい / 幸せな

خفه/خوښ

短い / 長い

لنډ/اوږد

ゆっくり / 速い

سست/ګړندی

濡れた / 乾いた

لوند/وچ

温かい / 冷たい

ګرم/يخ

戦争 / 平和

جګړه/سوله

数

شمیرې

0

ゼロ

صفر

1

1

يو

2

2

دوه

3

3

درې

4

4

څلور

5

5

پنځه

6

6

شپږ

7

7

اوه

8

8

اته

9

9

نهه

10

10

لس

11

11

يولس

12	13	14
12	13	14
دولس	دیارلس	څوارلس

15	16	17
15	16	17
پنځلس	شپاړس	وولس

18	19	20
18	19	20
اتلس	نولس	شل

100	1.000	1.000.000
100	1000	100万
سل	زر	میلیون

言語

ژبې

英語

انګلسي

アメリカ英語

امریکایی انګلسي

中国標準語

چینایی مندرین

ヒンディー語

هندي

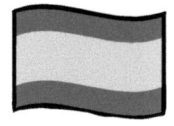

スペイン語

هسپانوي

フランス語

فرانسوي

アラビア語

عربي

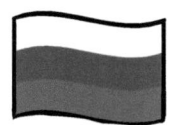

ロシア語

روسي

ポルトガル語

پرتګالي

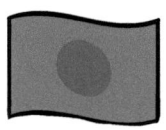

ベンガル語

بنګالي

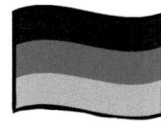

ドイツ語

آلماني

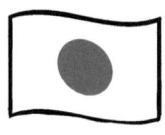

日本語

جاپاني

私

زه

あなた

ته

彼 / 彼女 / それ

هغه/دغه/دا

私たち

مونږ

あなたたち

تاسي

彼ら

دوی/هغوی

誰？

څوک؟

何？

څه؟

どうやって？

څنګه؟

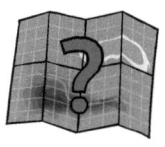

どこ？

چیرې؟

いつ？

کله؟

名前

نوم

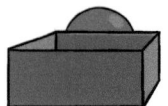

どこ

چيرې

後ろ

شاته

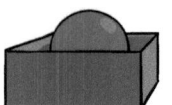

中

په

前

په مخه کې

上

باندې

上

په

下

لاندې

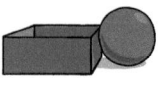

横

برسيره پر

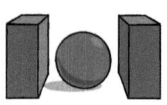

間

ترمينځ

場所

ځای